CATALOGUE

DES

TABATIÈRES, BONBONNIÈRES

CHATELAINES — MONTRES

Étuis — Porte-Tablettes — Flacons, etc.

DES ÉPOQUES LOUIS XV ET LOUIS XVI

en or émaillé en plein, en or ciselé, en matières précieuses, etc.

Quelques Pièces enrichies de pierreries

Composant la précieuse Collection de Mme X.

ET DONT LA VENTE AURA LIEU

HOTEL DROUOT, SALLE N° 3

Le Mercredi 27 Novembre 1889

à 2 heures précises.

Me PAUL CHEVALLIER	M. CHARLES MANNHEIM
COMMISSAIRE-PRISEUR	EXPERT
10, rue de la Grange-Batelière, 10	7, rue Saint-Georges, 7

EXPOSITION PUBLIQUE

Le Mardi 26 Novembre 1889, de 1 heure à 5 heures.

CONDITIONS DE LA VENTE

Elle sera faite au comptant.

Les acquéreurs payeront en sus des enchères *cinq pour cent*, applicables aux frais.

L'exposition mettant le public à même de se rendre compte de l'état des objets, il ne sera admis aucune réclamation une fois l'adjudication prononcée.

Paris. — Imprimerie de l'Art. E. Ménard et Cie, 41, rue de la Victoire

27 Novembre 1889.

VENTE DU MERCREDI 27 NOVEMBRE 1889

HOTEL DROUOT, SALLE N° 3

8. 10. 11. 12. 23. 25. 61. 78.

PRÉCIEUSE COLLECTION

DE

TABATIÈRES, BONBONNIÈRES

CHATELAINES — MONTRES

OBJETS DE VITRINE

Des époques Louis XV et Louis XVI

Appartenant à Madame X.

EXPOSITION PUBLIQUE

LE MARDI 26 NOVEMBRE 1889

Me P. CHEVALLIER	**M. Ch. MANNHEIM**
COMMISSAIRE-PRISEUR	EXPERT
10, rue Grange-Batelière, 10.	7, rue Saint-Georges, 7.

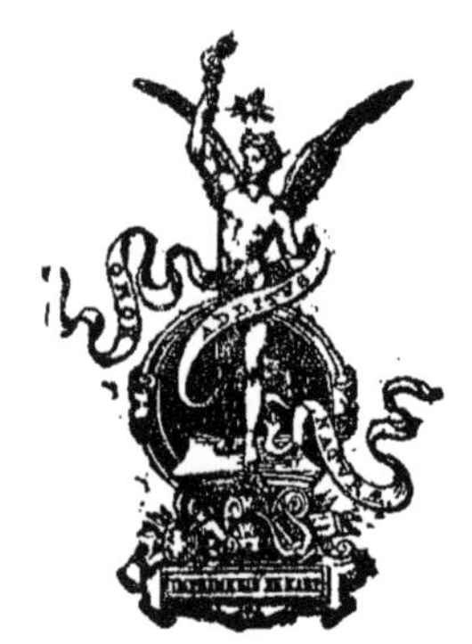

DÉSIGNATION DES OBJETS

TABATIÈRES ET BONBONNIÈRES

1 — Jolie boîte carrée du temps de Louis XV, en or émaillé en plein, décorée de médaillons ovales représentant des scènes champêtres à personnages, animaux et attributs, se détachant en émaux saillants et colorés sur fond maté. Les encadrements sont enrichis de feuillages émaillés vert et le fond général est gravé à mille raies et à bâtons rompus.

2 — Jolie petite boîte ovale, du temps de Louis XVI, en or guilloché et émaillé jaune orangé, enrichie de cordons et de pilastres à feuillages ciselés, émaillés vert, et à points d'émail saillant imitant l'opale. Le dessus est orné d'un portrait de femme peint sur émail et attribué à Petitot.

3 — Belle boîte du temps de Louis XV, de forme car-

rée, en or émaillé en plein, à bouquets de fleurs en relief et en couleurs dont partie se détache sur un fond maté et partie sur un fond d'émail vert émeraude transparent. Sur chacune de ses faces, les bouquets qui se détachent sur le fond maté et quadrillé sont encadrés d'ornements rocaille.

4 — Petite boîte ovale du temps de Louis XVI, en or guilloché et réémaillé bleu, enrichie de montants et de cordons ciselés et émaillés vert, blanc et rouge, à feuillages et points saillants imitant les pierres précieuses. Le couvercle est orné d'un émail ovale qui représente le portrait d'une dame de la cour de Louis XIV et qui peut être attribué à Petitot.

5 — Curieuse boite carrée du temps de Louis XV, composée de six panneaux d'or émaillé en plein, à fleurs rouges et à feuillages verts disposés symétriquement dans des quadrillages gravés à mille raies. Les panneaux sont reliés entre eux par une cage d'or gravé aussi à mille raies ondulées, et la boîte est doublée en or.

6 — Grande boîte ovale du temps de Louis XVI, en or guilloché et réémaillé rouge, enrichie de

montants et de cordons ciselés à feuillages et rehaussés de filets d'émail bleu et blanc. Le dessus de la boîte présente sur émail ovale un portrait de femme qui est entouré d'un rang de brillants.

7 — Bonbonnière ronde du temps de Louis XVI, en or guilloché et émaillé, à panneaux imitant l'agate arborisée sur fond jaune clair. Elle est enrichie de montants et de cordons ciselés, rehaussés d'émail blanc et vert. Le dessus de la boîte a reçu postérieurement un portrait de femme peint en miniature sur ivoire, vêtue d'un corsage vert et coiffée d'un ch.apeau de paille à plumes.

8 — Jolie petite boîte ovale du temps de Louis XVI, en or de couleur finement ciselé à canaux creux, festons de laurier et ornements variés. Le dessus et le fond de la boîte sont enrichis chacun d'un médaillon ovale peint sur émail et qui représente un groupe d'amours en camaïeu, sur fond jaune avec bordure rose marbrée.

9 — Grande et belle boîte ovale du temps de Louis XV, en or de couleur finement ciselé à

médaillons : sujets et attributs guerriers, encadrés d'ornements rocaille et de feuillages.

10 — Belle boîte carrée du temps de Louis XV, en or gravé à rayons, ornements rocaille et attributs. Le dessus et le devant de la boîte présentent un trophée ainsi que des ornements variés, des rubans et des feuillages incrustés de diamants, de rubis et d'émeraudes.

11 — Grande et belle boîte du temps de Louis XV, en agate verdâtre, taillée à cuvette. Le dessus et le pourtour sont couverts d'une enveloppe d'or repoussé et découpé qui représente des scènes mythologiques ainsi que des ornements rocaille.

12 — Jolie petite boîte du temps de Louis XV, de forme contournée, en or finement ciselé, décorée d'une vue de parc avec pièce d'eau, de trophées d'armes et d'ornements rocaille, enrichis d'incrustations de pierres précieuses : diamants, rubis et émeraudes.

13 — Joli drageoir quadrangulaire, du temps de la Régence, dont le pourtour est en or uni et dont

le dessus et le fond sont en nacre, à ornements et paysage finement gravés. La plaque du couvercle est enrichie à l'extérieur de figures de singes, d'un bouquet de fleurs et d'ornements variés rapportés en or, en relief et enrichis de pierreries ainsi que d'un oiseau en or émaillé bleu. A l'intérieur, il présente des ornements rocaille et des personnages costumés à l'orientale; le tout sculpté en bas-relief.

14 — Petit drageoir analogue à celui qui précède. Celui-ci présente sur le couvercle un vase de fleurs rapporté en relief en or et pierreries ainsi que divers ornements. L'intérieur et le fond sont ornés. Époque de la Régence.

15 — Boîte oblongue du temps de Louis XV, composée de six plaques d'agate reliées par une monture à cage en or et encadrées d'ornements rocaille, de fleurs, d'arbustes et de personnages en or repoussé et appliqué.

16 — Jolie boîte oblongue et à contours, composée de douze plaques d'agate orientale blonde reliées par une monture à cage en or. Le dessus est

encadré d'ornements rocaille en or repoussé. Époque Louis XV.

17 — Petite boîte du temps de Louis XV, de forme oblongue, en prime d'améthyste à cuvette taillée et couvercle gravé en relief, à animaux dans un paysage. Monture à charnière en or et bec enrichi de rubis et de diamants.

18 — Boîte rectangulaire en prime d'améthyste, montée à charnière en or gravé, à lignes ondulées. Le dessus est enrichi d'un bas-relief en or repoussé et découpé, représentant un chasseur accompagné de deux chiens, assis au pied d'un arbre et entouré d'ornements rocaille. Époque Louis XV.

19 — Petite boîte rectangulaire du temps de Louis XV, composée de six plaques de jaspe sanguin reliées par une monture en or. Le dessus est encadré d'ornements rocaille en or repoussé.

20 — Très petite boîte oblongue du temps de Louis XV, en agate orientale, montée en or et garnie au pourtour et sur le dessus d'ornements en or repoussé et découpé. Le bord extérieur

du couvercle porte, réservée en or sur fond d'émail blanc, la devise suivante : *Je me fie à votre amitié.*

21 — Boîte du temps de Louis XV analogue à celle qui précède, mais plus grande. Celle-ci n'a pas de devise émaillée.

22 — Boîte ronde du temps de Louis XV, en aragonite, montée à charnière en or et couverte au pourtour et sur le dessus d'ornements rocaille, de figures allégoriques et d'amours en or repoussé et découpé à jour.

23 — Belle boîte de forme contournée, du temps de Louis XV, en nacre de perle, montée à cage en or et décorée sur le dessus d'un bas-relief en nacre sculptée, incrusté d'or repoussé, qui représente le char d'Apollon entouré d'ornements rocaille.

24 — Boîte quadrangulaire du temps de Louis XV, en nacre de perle, montée à cage guillochée et doublée en or. Elle est enrichie sur chacune de ses faces de bas-reliefs en or repoussé et découpé à jour, représentant des paysages avec personnages et des ornements rocaille.

25 — Belle boîte quadrangulaire du temps de Louis XV, composée de six panneaux de nacre sculptée, enrichis de sujets de personnages chinois, exécutés en matières diverses, en bas-relief et incrustés. Monture à cage en or et bec enrichi de diamants.

26 — Bonbonnière ronde du temps de Louis XVI, en or émaillé imitant l'agate arborisée, sur fond jaune rosé et cordons de feuillages ciselés en relief et émaillés en couleurs. Le dessus est orné d'une miniature ronde qui représente une réunion dans un salon et qui est entourée d'un rang de roses.

27 — Bonbonnière ronde du temps de Louis XVI, en or guilloché, enrichie de cordons émaillés à fond bleu et points saillants en émail blanc. Le dessus est orné d'une miniature sur ivoire qui représente un portrait de femme.

28 — Petite boîte ovale du temps de Louis XVI, en or guilloché, à mille raies et à pois, enrichie de cordons ciselés à ornements en relief. Le dessus est orné d'une miniature ovale sur ivoire qui représente le portrait, de profil à gauche, de

la reine Marie-Antoinette, et qui est encadré d'un rang de roses.

29 — Petite boîte ronde en or guilloché et gravé. Le dessus est orné d'une miniature sur ivoire, qui représente un portrait de jeune femme vêtue d'un corsage bleu.

30 — Boîte ronde du temps de Louis XVI, en vernis de Martin, à bandes variées de nuances, séparées par des filets d'or incrustés. La boîte est galonnée d'or et le dessus est orné d'une miniature ovale sur ivoire, qui représente une jeune femme en buste, à corsage bleu, et la tête garnie de perles et de plumes.

31 — Boîte ronde en écaille galonnée d'or, du temps de Louis XVI. Le dessus est orné d'une miniature sur ivoire, qui représente un portrait de jeune femme vêtue de blanc, avec cordon de roses sur l'épaule gauche.

32 — Boîte ronde en poudre d'écaille verte incrustée de rosaces et de pois d'or de couleurs. La boîte est galonnée d'or et le dessus est orné d'une miniature qui représente une fête villageoise. Époque Louis XVI.

33 — Boîte ovale en écaille brune montée et galonnée d'or gravé. Le dessus est orné d'un portrait d'homme peint sur émail. Époque Louis XVI.

34 — Boîte ronde en vernis de Martin à fond vert, galonnée d'or. Le dessus est orné d'une miniature ovale sur ivoire : Portrait de femme, et le dessous d'un chiffre composé des lettres L. M. D., exécuté à l'aide de fleurs peintes à la gouache. Époque Louis XVI.

ÉTUIS — PORTE-TABLETTES — FLACONS

35 — Étui porte-tablettes du temps de Louis XVI, en ivoire, monté en or de couleur ciselé, à tore de lauriers, et enrichi sur ses deux faces de médaillons en or repoussé, représentant chacun un amour. Il porte également la devise : *Souvenir d'amitié*.

36 — Étui porte-tablettes de mêmes travail et époque que celui qui précède. Celui-ci est enrichi de deux miniatures sur ivoire, dont l'une représente un portrait de femme en corsage blanc et

pardessus garni de fourrure ; l'autre, un portrait de jeune fille dans le goût de Greuze.

37 — Autre étui porte-tablettes en ivoire, garni en or gravé, et enrichi de deux médaillons, dont l'un représente une jeune femme vue à mi-corps et un amour.

38 — Porte-tablettes du temps de Louis XVI, en vernis genre Martin à fond vert étoilé d'or, garni en or gravé et découpé. Il est enrichi de deux miniatures sur ivoire : Portraits de femmes.

39 — Porte-tablettes en ivoire du temps de Louis XVI, garni d'une monture en or à perles saillantes, et orné de deux miniatures : Portraits de femmes.

40 — Étui porte-tablettes du temps de Louis XVI, ouvrant sur pivot et formé de deux plaques d'or gravé à rosaces sur fond d'émail rouge. Il offre, sur une de ses faces, la devise : *A toi, à la vie,* placée dans un médaillon en forme de cœur, le tout exécuté en roses sur fond d'émail gris.

41 — Étui-nécessaire du temps de Louis XV, de forme contournée, composé de plaques d'agate orientale herborisée reliées à l'aide d'une monture élégante en or repoussé et ciselé à ornements rocaille et fleurs. Les ustensiles manquent.

42 — Étui à aiguilles de forme droite et ovale de plan, du temps de Louis XVI, en or ciselé et gravé à ornements et à damier émaillé vert et bleu. Il est enrichi de petits médaillons en or découpé et ciselé, qui représentent des vases et des rosaces, et qui sont rapportés sur le fond.

43 — Étui à cire de forme droite et ovale de plan, du temps de Louis XVI, en or ciselé et gravé, à cannelures et à médaillons, attributs encadrés de festons de laurier. Belle conservation.

44 — Étui à cire de même forme et de même époque, en or guilloché, à montants ciselés à ornements et cordons à perles en relief.

45 — Petit étui de même forme, en or guilloché et gravé, à bandes verticales émaillées jaune et blanc, et à médaillons ovales décorés de tro-

phées et d'attributs gravés sous émail jaune transparent. Époque Louis XVI.

46 — Flacon monté dans un étui, du temps de Louis XV, en jaspe brun couvert de trois zones d'ornements gravés en relief, et monté à charnière en or, garnie d'un double rang de petits rubis. Le dessus du couvercle est incrusté d'une mouche exécutée en or et roses. Une des pierres manque.

47 — Face à main à monture du temps de Louis XVI, en or de couleur ciselé à rosaces et ornements, et à fond de verre sur paillon vert guilloché.

48 — Flacon de poche du temps de Louis XV, en or repoussé et ciselé, en forme de vase, couvert d'ornements rocaille et de festons de fleurs.

49 — Cassolette du temps de Louis XV, en forme d'œuf, en jaspe vert couvert d'un réseau d'ornements rocaille et de festons de fleurs en or repoussé et découpé à jour.

CHATELAINES

50 — Crochet du temps de Louis XV, orné de plaques d'agate grisâtre reliées à l'aide d'une monture en or repoussé à ornements rocaille et festons de fleurs. Il est garni d'un nécessaire et de deux petites cassolettes également en agate et montés en or. Le nécessaire renferme divers ustensiles en or. Les ornements du crochet sont rapportés sur un fond de cuivre doré.

51 — Jolie châtelaine du temps de Louis XV, composée de trois plaques d'ancienne porcelaine de Saxe, décorées de sujets Watteau et reliées à l'aide d'une monture d'or repoussé à ornements rocaille sur fond de cuivre doré.

52 — Belle châtelaine du temps de Louis XV, en or ciselé, décorée de médaillons contournés, renfermant des figures allégoriques, entourés d'ornements rocaille. La clef et le cachet qui y sont appendus sont ornés d'émeraudes cabochons.

53 — Châtelaine en or ciselé, à double médaillon et à triple rang de chaînes décorés de figures allé-

goriques et d'ornements rocaille reliés par des médaillons ornés. La spatule est en argent doré et découpé à jour.

54 — Petite châtelaine en or ciselé, décorée d'attributs guerriers divers, d'une figure d'Hercule et d'ornements rocaille.

MONTRES

55 — Belle montre du temps de Louis XV, en or émaillé en plein, à bouquets de fleurs en couleur sur fond gravé à mille raies. Mouvement de Jean Le Roy, à Paris.

56 — Jolie montre du temps de Louis XV, en or émaillé en plein ; la cuvette représente trois amours dans un paysage encadré d'ornements bleus et de fleurs, le tout émaillé en couleurs sur fond gravé à damier. Mouvement de Jean Le Roy, à Paris.

57 — Montre Louis XV en or, à cuvette émaillée en plein, à sujet champêtre dans le goût de

Boucher. Mouvement de Baillon, à Paris. Le poussoir est formé d'une rose.

58 — Montre Louis XV à répétition, en or gravé et cuvette émaillée en plein, à figures d'amours et attributs en camaïeu sur fond rosé. Mouvement de Hochenadl, à Vienne.

59 — Montre Louis XV en or gravé et ciselé, à cuvette émaillée en plein, à sujet scène d'intérieur et figures d'enfants. Aiguilles, encadrement du cadran et poussoir formés de roses. Mouvement de Romilly, à Paris.

60 — Montre Louis XVI en or, à cuvette émaillée en plein, représentant un intérieur de cabaret dans le goût de Teniers. Mouvement de Fincl et Roux, à Constantinople.

61 — Montre Louis XVI en or ciselé et à cuvette ornée de trois petits émaux ovales représentant des jeunes filles, encadrés de tores de lauriers, ciselés et reliés entre eux par des rubans exécutés en roses. Mouvement de Misson, à Paris.

62 — Montre Louis XV, montée en or et à cuvette

émaillée, représentant Hercule filant aux pieds d'Omphale. Mouvement de Baptiste Baillon, à Paris.

63 — Montre Louis XVI en or émaillé en plein, à médaillon : Jeux d'Amours, en grisaille sur fond rose, et fleurs émaillées [illegible] sur fond gravé. Mouvement de Baillon, à Paris.

64 — Montre Louis XVI en or gravé et émaillé. Sur la cuvette, médaillon ovale représentant Flore et Zéphyre, entouré de rubans blancs et rosés et feuillages bleus. Mouvement de Tavernier, à Paris.

65 — Montre Louis XVI à répétition, à double boîtier en or. Le boîtier intérieur est gravé et repercé à jour. Le boîtier extérieur est gravé et émaillé, à médaillon en grisaille : Offrande à l'Amour, sur fond violacé, entouré d'ornements émaillés bleu, blanc et vert. Mouvement de Martin, à Londres.

66 — Montre Louis XVI en or guilloché, émaillé bleu, et médaillon de paysages en camaïeu sur

fond opalin. Mouvement de Phillips brothers, London.

67 — Montre à double boîtier. Le boîtier extérieur, du temps de Louis XV, est en or repoussé, à fleurs et ornements rocaille, et il est enrichi de plaques d'agate herborisée. Le boîtier intérieur est en or uni et renferme une montre moderne à remontoir.

68 — Montre Louis XV, à cuvette émaillée, décorée à l'intérieur d'une figure de l'Espérance, partie en or, partie en émail, dans un paysage à fond blanc, et à l'intérieur d'un sujet champêtre, dans le goût de Watteau. Monture en or. Mouvement de Le Roy, à Paris.

69 — Montre Louis XVI en or de couleur ciselé. La cuvette est enrichie d'une rosace exécutée en roses et rapportée sur un fond d'émail violet. Mouvement de F. Melly, à Paris.

70 — Montre Louis XVI à double boîtier en or, l'un d'eux uni, l'autre gravé et émaillé, à vase et ornements bleus et blancs. Mouvement de Jullion and son, Brentford.

71 — Grosse montre à répétition, du temps de la Régence, à double boîtier en or gravé et découpé à jour. Le boîtier extérieur est enrichi d'un médaillon repoussé, qui représente deux bustes en regard et surmontés d'une couronne comtale. Mouvement de Paul Dupin, London.

72 — Grosse montre à répétition, en or repoussé, à figures mythologiques et ornements rocaille, et pourtour reperçé à jour.

73 — Montre à répétition du temps de Louis XV, à double boîtier, l'un d'eux en or gravé et reperçé à jour, l'autre en or repoussé, à figures dans le goût de Watteau, ornements rocaille et autres reperçés à jour.

74 à 82 — Neuf montres du temps de Louis XV, à double boîtier en or repoussé, à personnages et ornements rocaille, variées de dessins. Elles seront vendues séparément.

83 — Montre de style Louis XV, en or repoussé, à figure de femme dans un paysage.

84 à 87 — Quatre montres du temps de Louis XVI, en or de couleur ciselé, à médaillons de personnages, attributs et ornements variés. Elles seront vendues séparément.

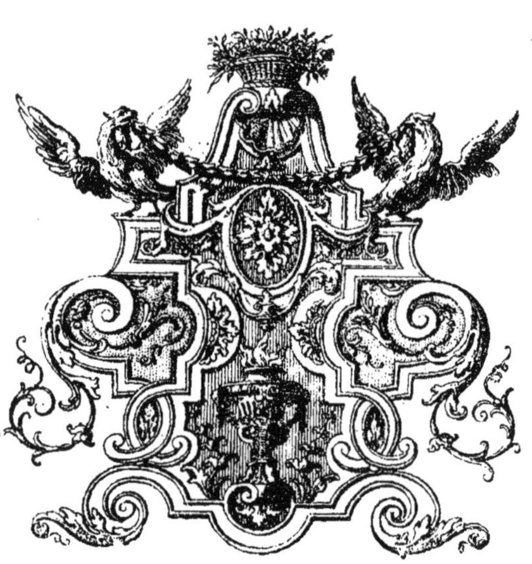

www.ingramcontent.com/pod-product-compliance
Ingram Content Group UK Ltd.
Pitfield, Milton Keynes, MK11 3LW, UK
UKHW022153260726
13993UKWH00005B/2345

9 782329 534718